Peter Lauster
Über die Liebe

Peter Lauster

Über die Liebe

Gespräche Gedanken Gefühle

ECON Verlag
Düsseldorf · Wien

1. Auflage 1986

Aquarelle: Peter Lauster
Schutzumschlaggestaltung: Lutz Kober, St. Goarshausen,
unter Verwendung eines Original-Aquarells von Peter Lauster
Gesetzt aus der Garamond der Fa. Berthold
Satz: Dörlemann-Satz, Lemförde
Papier: Papierfabrik Schleipen GmbH, Bad Dürkheim
Druck und Bindearbeiten: Mainpresse Richterdruck, Würzburg
Printed in Germany
ISBN 3 430 15898 2

Erlebnisse und Eindrücke
sind das Geschenk der Welt
an mich. Meine Gedanken
sind das Geschenk an
die Menschen.

Inhalt

Vorwort

Die Aquarelle, Gedichte und Gespräche zum Thema Liebe, die sich gegenseitig ergänzen, entstanden unabhängig voneinander; die Gedichte im Sommer und Herbst 1984, die Aquarelle in den Jahren 1979 bis 1985, das Aquarell auf Seite 69 schon 1962. Die Poesie der Worte und optischen Zeichen geht ihre eigenen Wege. Worte und Bilder treffen sich mitunter und gehen wieder auseinander; die Zeichnungen sollen also die Gedichte nicht einfach nur illustrieren.

Es ging mir zwar um den persönlichen Ausdruck eigener Erfahrungen und Erkenntnisse, aber ich hoffe, ich kann meine Leser mitnehmen zu einem »Seelenflug« des Mitfühlens und Meditierens. Die Themen gehen vom Individuum aus, das zu sich selbst gelangt, sein Alleinsein annimmt, sich allen Eindrücken mit Aufmerksamkeit und Sensitivität öffnet, die anderen Menschen annimmt, Beziehungskonflikte erlebt, sich daraus löst, um täglich wieder neu und frei aufzubrechen. Jeder kann so täglich offenere, jüngere Augen bekommen. Der Körper mag faltig werden, aber Seele und Geist werden immer frischer und geschmeidiger.

Köln, im Herbst 1985

Liebe ist Selbstentfaltung

Gedichte und Aquarelle

»Es geht nicht darum, etwas zu erreichen, es geht darum, aus dem Bestehenden auszubrechen.«

Marguerite Duras

Nahweh

Ich will bei mir sein,
niemand etwas recht machen,
meinen Stimmen lauschen,
den Blick schweifen lassen
und wach werden.

Jahrhundertfragen

Seit hundert und mehr Jahren
die gleichen Fragen.
Warum lebe ich?
Was ist Liebe?
Wer bin ich?
Wem gehört alles?
Was ist der Sinn?

Du lebst und atmest,
weil das dein Sinn ist.
Du liebst und leidest,
weil das das Leben ist.

Das alles gehört zu allem.
In allem bist du allein,
du gehörst niemandem.
Suche keinen Platz außer dir,
wo du bist,
ist die Antwort.

Sei authentisch

Du sprichst englisch
und auch deutsch,
ja, sogar ein bißchen schwäbisch.
Was du sagst
klingt jetzt katholisch,
dann wieder buddhistisch,
ein bißchen rilkisch,
manchmal östlich,
dann westlich,
auch christlich,
und sartrisch,
sogar satirisch.

Und wer bist du,
mein lieber Georg,
wann sprichst du
auch mal georgisch?

Begegnung

Ein Mensch tritt mir entgegen
ohne Nationalität,
keine Religion,
ohne Prinzipien,
ohne Dogmen,
keine Systeme,
ohne Ästhetik,
keine Familie;

er hat Zeit,
hört zu,
sucht nichts
und findet mich.

Freund

Deine Wahrheit, mein Freund,
ist nicht die meine.
Auch du, mein Freund,
meinst es gut mit mir
und bist der Psychologe
meiner schlechten Tage.

Ich aber denke mir,
wenn du mich liebst,
zerfällt deine Logik,
nichts reimt sich mehr
und stimmt trotzdem,
denn du fühlst Freude;
so können viele Wahrheiten
in die Dunkelheit hineinglühen.

Für dich und mich

Ich lebe für dich,
weil ich dich liebe
in diesem Augenblick
voll strahlender Nähe.

Ich lebe für mich,
weil ich mich liebe
in diesem Moment,
geborgen in ruhender Distanz.

Schöpfung

Schöpfe aus dem Brunnen
deiner Seele,
bis das Wasser
frisch und klar wird.

Schütte deine Vergangenheit
in den Sand,
denn sie will verdunsten.
Atme den Wind,
frage niemand
und geh diesen Weg,
bis die Stirn kühl wird
und der Stein funkelt.

Laß mir die Widersprüche

Ordne mich nicht ein
in das Netz deiner Gedanken,
entlasse mich aus deinem Kopf,
damit ich gelöst
mein Lied singen kann
in dieser besonderen Schönheit
meiner natürlichen Wildheit.

Komplimente

Du sagst,
ich sei zu wild,
sehr unwissend,
bindungslos,
ohne Erwartungen,
ohne Ziel und Plan.

Du rufst,
ich sei zu gleichgültig,
sehr allein,
beziehungslos,
bedenkenlos,
ohne Streben,
ohne Kampf und Tat.

Ich bin so frei,
leer und offen
für deine Worte,
weil durch sie
mein Licht
aus deinen Augen strahlt.

Frühlingsgefühle

Die Forsythien blühen wieder,
Wind duftet hoch und weit,
bringt Regen, Föhn, Wiedersehen.

Deine Augen sprühen süßer.
Ich weiß, du bist bereit,
mit mir morgen nach gestern zu gehn.

Niemand sieht mich

Heute bin ich fern,
weit in Bergen und auf Wellen,
singe in der Muschel,
niste im letzten Storchennest.

Eine Liebe ist erwacht,
ein Glänzen, Streicheln,
das niemand je gesehen.
Neues Ohrenflimmern,
in dir schlägt mein Herz.

Heute bin ich fern,
verflogen in Morgentälern,
hinter ziehenden Nebelbänken
strandet meine Liebe,
strandet, brandet
im Rauch des Kartoffelfeuers.

Verschwende dich

Die Fülle ist in dir,
halte sie nie zurück,
sei nicht geizig
mit deiner Lebendigkeit,
denn egoistischer Geiz
ist der Weg in die Armut.

Schmetterling

Schimmernd und zitternd,
deine Flügel im Wind,
du Symbol meiner Seele,
fliege weit und hoch.

Flimmere silbern vorüber,
laß dich davonwehen,
weit und tief
in den duftenden Sommerabend.

Erfülle meine Sehnsucht,
verliere mich
und vergehe vor Glück.

Kontakt

Rufe herüber
zu mir,
wenn du etwas fühlst,
das du mir sagen willst.

Ich sehe dich,
höre aber auch
das Wispern des Schilfs
und halte
meine Hände in den Fluß.

Hochsommer

Die Luft voll Energie
ist meine Seele,
wie sie in dir lebt,
gleich einer Faser
im Gewebe des Blatts,
das den Tau umarmt.

Wer?

Wer hat uns aufgezogen?
Wo steht der Schöpfer?
Wer hat uns so geliebt,
daß wir uns geben können?

Der goldene Vogel in deiner Brust
singt mit dem Fluß.
Wer hat meine Saiten gespannt,
voll Wärme und Fülle?

Wer hat mir gesagt,
daß ich dich liebe?
Wo bin ich in dieser Nacht?
Du nimmst mich mit
für eine Stunde der Erfüllung
in großer Zärtlichkeit,
die nichts will
und alles hat.

'BIRNENGLÜCK', sagte der Birnenzüchter.

Fenster

Du bist ein Fenster,
durch das die Sterne blinken,
dein Körper der weiße Rahmen;
meine Worte öffnen das Schloß,
und unsere Gefühle
schmelzen dein Glas.

Zeit

Jetzt, in diesem Augenblick
ohne Gedanken an Zukunft,
wird die Sekunde kürzer
in einem Flügelschlag,
während Sterne vom Himmel fallen
und du mich küßt,
löst sie sich auf
und kommt als Welle
auf den Meeren –
als Minute zurück.

Zärtlichkeit

Blüte im Abendwind,
umströmt vom Kieferduft,
im Rhythmus der Strömung
einer träumenden Kindheit.

Die Liebe wird weit,
entfernt sich von Ideen,
fließt in das Wirkliche,
löst die Energie
vom Zweig der Jugend
und sinkt zurück
ins schwankende Schilf.

Beliebig

Die Liebe ist wild
wie ein flimmernder Falter,
der sich auf dieser Blüte entfaltet
und an jener vorbeischwebt.

Liebe ist beliebig,
sie tanzt im Wind,
schwankt auf den Wellen,
fließt mit der Strömung
und fällt mit dem Blatt.

Das Beliebige lieben,
um sich zu verlieben,
ohne Wenn und Aber,
ohne Ziel und Plan.

Liebe ist beliebig,
geschieht sie täglich neu
und läßt sich nicht
in romantischen Kammern
auf eine Nadel spießen.

Apfelblüte

Liebe ist Freiheit;
Entfaltung will nichts festhalten,
sie lacht über jede Angst.

Liebe ist Offenheit,
Verströmen deiner Energie,
will geben ohne Gedanken
wie die rosa Apfelblüte;
auch sie kann nicht konserviert werden.

Freiheit

Ich liebe dich sehr,
weil ich so frei bin;
ich gebe dir meine Seele,
weil sie mir nicht gehört.
Ich schenke sie dir
mit der Freude,
deine Gefühle zu berühren,
so wunderschön zart und sanft.
Ich lache mit dir,
und du darfst traurig sein,
mich nicht festhalten zu können.

Gelöstheit

Ich bin auch glücklich,
wenn du nicht da bist,
selbst wenn es draußen regnet.

Ich bin so glücklich,
wenn du mich liebst,
bin froh,
wenn du mich nicht brauchst,
um mir
das zu sagen.

Liebe mich jetzt besser nicht

Liebst du mich,
bin ich glücklich,
dann ist alles so einfach,
und wir bauen einen Zaun.

Liebst du mich nicht,
bin ich sehr unglücklich,
leide schwer,
denn du willst keinen Zaun.

Deshalb liebe mich heute noch nicht,
damit ich lieben lerne,
ohne Zäune zu bauen.

Liebeskummer

Wenn du liebst
und deine Liebe nicht
erwidert wird,
ist dein Herz vielleicht
traurig und matt,
weil du dich als Liebender
im Recht fühlst.

Ich aber sage dir,
du bist nicht im Recht.
Genieße deine Liebe,
freue dich an der Blume,
die sich selbst gehört,
und gib deine Gefühle als Geschenk.

Du verwirrst mich

Ich will dich treffen
und dann nicht hingehen,
will mit dir reden
und doch lieber schweigen,
will dich haben,
aber was dann?

Gib mir deine Hand,
damit ich sie loslassen kann.

Scheidung

Es kommt der Tag,
an dem du verschweigen willst,
daß du mich nicht mehr liebst.
Magische Flammen der Fremdheit
sind in dir erloschen,
alle Themen scheinen ausdiskutiert.

Aber ich bleibe ein Rätsel
mir selbst und anderen,
um ein herrliches Leben
neu zu beginnen,
von Stunde zu Stunde.

Erwachsen werden

Schönheit ist überall,
jetzt kann ich sie sehen,
hören, riechen und schmecken,
weil ich frei bin,
ohne Geborgenheit,
da du mich verlassen hast,
du und auch die anderen.

Jetzt bin ich ganz bei mir,
bin eins geworden
in der Unsicherheit
meiner Losgelöstheit.
Will so weiterleben,
ohne Rat und Lob
nach dieser neuen Pubertät,
in der ich mich
in die Welt verliebe.

Stufen der Liebe

I

Zuerst liebst du die Blume,
mein Junge,
dann verwirrt dich die Sexualität,
dann willst du beides besitzen
und erschrickst,
wenn es in zwei Richtungen verfliegt.

II

Jetzt wirst du älter
und liebst voll wilder Sexualität,
ohne besitzen zu wollen,
weder den Rosenduft
noch die sexuelle Euphorie.

Das alles gehört dir nicht,
es weht durch dich hindurch,
weil du frei wirst,
zu geben und zu nehmen,
ohne Ansprüche zu erheben.

Aufbruch

Eingesponnen in wilde Rosen
schläfst du »sicher«,
wenn es niemand sieht.
Keiner weiß, was du fühlst,
erkennt deinen Schmerz;
du verbirgst sogar die Freude.

Warte nicht auf den weißen Prinzen,
der dich auf den Mund küßt.
Steh auf,
rieche den Duft der Rosen,
trete in den Morgen,
in die Freiheit des Unbekannten.
Du bist selbst der Prinz,
schlafendes Dornröschen.

Auch die Prinzen schlafen
in der Sicherheit
ihrer Verschlossenheit.

Wiese

Grüne Wiese,
ich liebe dich sehr;
der Sommer macht dich so stark
und nützlich.

Ich genieße deinen Duft
und schlafe glücklich ein.
In deinem Heu
ruht im Winter mein Wein.

Wenn ich tot bin,
bedeckst du mich.
Ich brauche deinen Duft
und im Winter dein Heu
für meine Freunde.

Abschied

Wir gehen weiter,
lassen alles Alte los,
das Neue wird zum Zauber,
im Getöse wird es still,
Chaos so schön und zart,
Liebe kein Geheimnis mehr.

Wir gehen weg
ohne Abschied und Gruß,
entfalten in der Ferne
jeder für sich
ein Zeichen der Liebe
und Stille für alle.

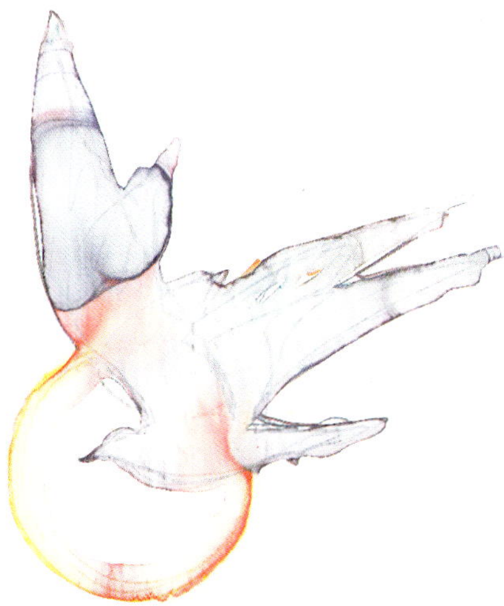

Gespräche und Gedanken über die Liebe

»Wir Wanderer sind darin geübt, Liebeswünsche gerade um ihrer Unerfüllbarkeit willen zu hegen und jene Liebe, welche eigentlich dem Weib gehörte, spielend zu verteilen an Dorf und Berg, See und Schlucht, an die Kinder am Weg, den Bettler an der Brücke, das Rind auf der Weide, den Vogel, den Schmetterling. Wir lösen die Liebe vom Gegenstand, die Liebe selbst ist uns genug, ebenso wie wir im Wandern nicht das Ziel suchen, sondern nur den Genuß des Wanderns selbst, das Unterwegssein.«

Hermann Hesse

Warum betonst du das Alleinsein und die Selbstfindung? Ist der Mensch denn nicht in erster Linie ein soziales Wesen, das Kontakt sucht und braucht?

Die meisten Menschen vermeiden es, wenn irgendmöglich, intensiv bei sich selbst zu sein. Sie suchen sooft wie möglich die Gesellschaft anderer und glauben, sich durch Kontakte und Gespräche selbst finden zu können. Geselligkeit wird jedoch zum Problem, wenn sie eine *Flucht* vor meinem Selbst ist, wenn ich es mit mir nicht aushalte oder gar Angst erleide, sobald ich alleine bin.

Alleinsein, das ich meine, ist weder Einsamkeit noch schmerzende Isolation, wenn ich auf »Nahweh« lausche, das sich aus der Tiefe der Seele heraus immer wieder bemerkbar macht. Es ist beglückend, bei mir zu sein, denn ich kann dann meinen Stimmen lauschen, den Blick nach innen schweifen lassen und von innen heraus wach werden. In mir selbst sind die Schätze verborgen, die ich draußen bei anderen so vergeblich suche. Keiner kann mir den Sinn *meines* Lebens vermitteln, nicht der Ehepartner, kein Geliebter, keine Geliebte, kein Philosoph, nicht der Psychologe und nicht der Künstler. Es ist wichtig, allmählich zu unterscheiden zwischen den fremden Stimmen in mir und meiner eigenen. Diese aufmerksame Wachheit ist ein Weg zur Selbsterkenntnis.

Du schreibst in dem Gedicht »Jahrhundertfragen«, wo ich sei, würde ich die Antwort finden. Ich suche in mir, aber ich finde nicht die Antwort für den Sinn meines Lebens.

Ich sage in diesem Gedicht: Du lebst und atmest, weil das dein Sinn ist – ich meine damit, daß in der Lebendigkeit selbst der Sinn besteht; ich verweise dich damit total auf dich selbst, denn kein anderer kann für dich leben oder atmen. Suche also den Sinn nicht bei anderen, nicht in einer Freundschaft und auch nicht in der Person, die du liebst. Weder der beste Freund noch ein Geliebter kann dir dein Leben abnehmen – er kann nicht für dich atmen und kreativ sein; er lebt und atmet für sich selbst. Ihr begegnet euch immer wieder am Ende aller Euphorie des Verstehens als Fremde, und diese Fremdheit ist nichts Negatives oder Falsches, sie kann und soll durch kein Bemühen aufgehoben werden.

»Du liebst und leidest, weil das das Leben ist« heißt nicht, Liebe und Leiden wären dasselbe. Beides gehört zum Ganzen. Sowohl in der Liebe als auch im Leiden bist du allein, keiner kann dir seelische Trauer abnehmen; der schönste Trost bleibt immer nur ein Trost, ein Mitgefühl. Deshalb: Suche nie und in keiner Situation, auch nicht in der Verliebtheit, einen anderen Platz außer dir. Versuche dich also nicht, beim anderen einzunisten. Dein Platz soll bei dir bleiben, denn wo du bist, nur dort ist die Antwort für alle deine Fragen.

Wenn du heute keine Antwort findest, kann sie dir auch kein anderer geben. Öffne die Fenster und Türen deiner Seele weit, damit der Wind des Lebens einströmen kann, dann kann eine Antwort sich in dir offenbaren. Sie wird dir gegeben; es ist kein Streben danach erforderlich.

Wenn du dich verliebst, ist Liebe die Antwort und der Sinn, wenn du verlassen wirst, ist das die Antwort auf deine begehrenden Fragen nach der Zuwendung des anderen. Er läßt dich allein zurück, weil auch er niemandem gehört außer sich selbst – wie du. Sei so frei, das Jetzt zu sehen. Du mußt es mit eigenen Augen sehen und erleben; kein anderer kann es für dich tun. Er geht seinen eigenen Weg und steht vor den gleichen Fragen. Auch du kannst ihm deine Antwort nicht suggerieren und willst es dann auch gar nicht mehr.

Warum ist Loslösung die Lösung? Führt Loslösung nicht zu Nachlässigkeit und Interesselosigkeit?

Gelöstheit ist der wunderbare Zustand der Glückseligkeit, den wir ersehnen und vom Leben erhoffen, aber doch so selten erreichen. Nicht einmal nach Gelöstheit sollte man streben, sie erwarten oder herbeiwünschen, erst dann ist aller Kampf zu Ende, auch das Streben nach seelischem Glück, dann akzeptiere ich mich, die anderen und die Umstände der Zeit, wie sie sind – ich sehe die Wirklichkeit und die Tatsachen in ihrer Tatsächlichkeit. Diese Voraussetzung muß als erstes erfüllt sein.

Und danach nichts mehr werden wollen, im Vergleich zu den anderen, keine *Ideale* erreichen, keine Hoffnung auf Überlegenheit mehr – nur wachsen, dir selbst entgegen, zum Kern deines Innersten gelangen, nach innen schauen und das Wachstum geschehen lassen, dann fallen alle oberflächlichen ehrgeizigen Pläne in sich zusammen, und du kannst in eine neue Dimension hineinreifen – du wirst, poetisch gesagt, wie ein Schirmchen der Pusteblume mit dem Wind und den Wolken ziehen. In diesem Augenblick erlebter innerer Freiheit geschieht Glückseligkeit und Verliebtheit, die durch nichts anderes erzeugt werden kann, nicht durch eine Leistung, Erfolge, Macht und Planung.

Ist Liebe nicht ein Bemühen um Übereinstimmung mit dem anderen?

Liebe ist überhaupt kein Bemühen und Streben. Die Begegnung mit einem anderen Menschen ist beglückend, wenn die Gefühle ohne Zutun des Denkens ja sagen. Aber damit gibt man sich ja meist nicht zufrieden, es wird diskutiert, Gedanken und Ideen wechseln hin und her, und man sucht »geistiges Verständnis«. Aber muß man denn immer der gleichen Ansicht sein? Will man vielleicht nur recht haben? Deshalb sage ich in einem Gedicht: »Entlasse mich aus deinem Kopf und verstricke mich nicht in das Netz deiner Gedanken.«

Wenn ich einem fremden Menschen begegne, bin ich neugierig, ihn kennenzulernen, mehr über seine Meinungen und Erfahrungen von ihm zu hören. Es wird dann viel geredet, und je länger das Gespräch währt, desto deutlicher wird dies: Man sucht Nähe und Distanz, will sich abgrenzen, aber doch auch wieder eine Übereinstimmung finden. Einfache Wörter und Gedanken werden dann auf ihre Bedeutung hin untersucht.

Jedes Wort ist ein *Gefäß*, in das verschiedene Inhalte gegossen werden können, je nach den persönlichen Erfahrungen, die du gemacht hast. So ist verständlich, daß man sehr schnell aneinander vorbeireden kann. Man entfernt sich voneinander, beginnt vielleicht sogar zu streiten. Der Verstand streitet gerne, er sagt »nein«, wenn Zustimmung gesucht wird, und er sagt »ja«, wenn Ablehnung auf dem Gesicht des Gesprächspartners zu lesen ist. Deshalb sollte man Worte nicht so wichtig nehmen; sie haben ihren Sinn, um den anderen in seiner Geisteshaltung zu sehen, aber sie sagen dennoch wenig. Ich lasse den Gesprächspartner seinen Korb Wörter und Gedanken vor mir ausschütten und suche gar nicht erst bewußt nach Widersprüchen. Ich begegne einem Menschen lieber mit kindlicher Neugier und lasse ihn gelöst sein Lied singen, in dieser einmaligen, »ganz besonderen Schönheit seiner natürlichen Wildheit«, um ihn ganz erfassen zu können. Dazu gehört auch, daß er zum Beispiel widersprüchlich sagt: »Ich kenne mich nicht wirklich, aber ich weiß genau, was ich will.« Er meint damit: Ich möchte das jetzt sagen, ich singe heute dieses eine Lied, es gefällt mir so, aber nehme mich bitte nicht mit Kriterien der Logik beim Wort. Ich will mich darstellen in all meinen Widersprüchen; wenn du mich so hinnehmen kannst, ohne mit mir zu streiten, kann ich mich weiter öffnen. Akzeptiere daher meine Widersprüche, damit wir uns beide noch mehr vertiefen können und nicht im Streit um Widersprüche gegenseitig aufhalten. Diese Offenheit ist keine *unkritische* Haltung, sie ist nur ein Vorgang der Neugier und Liebe.

Ist es Egoismus, wenn ich mich so benehme, wie andere es von mir erwarten, weil ich dann gelobt werde? Oder ist es Egoismus, wenn ich mich so benehme, wie ich es für richtig halte und wie es meiner Natur entspricht, weil ich mich dann selbst loben kann und gut fühle?

Wenn du dich so verhälst, wie andere es von dir erwarten, um dafür gelobt zu werden, ist das Anpassung an das Normensystem der anderen. Dabei kannst du nicht wirklich innerlich glücklich und zufrieden werden; den einzigen Vorteil, den du daraus ziehen kannst, ist eine lobende Anerkennung. Wenn du also nach Lob jagst, ist das kein Egoismus, sondern eher Selbstverleugnung und *Entfremdung* von dir selbst. Ein Lob mag vielleicht kurz dein Ego aufwerten, die Selbstsicherheit stärken, aber du bist ein betrogener Betrüger.

Nun zur Beantwortung der zweiten Frage, die über die erste hinausweist: Es ist kein Egoismus, wenn du dich so verhältst, wie du es selbst für richtig hältst, wenn du so bist, wie du wirklich fühlst und denkst, wenn dein Verhalten mit dem Inneren übereinstimmt. Wenn ohne Zensur und dem Wunsch zu gefallen das aus dir herausströmt, was dich innerlich bewegt, ist das *Natürlichkeit* und kein Egoismus.

Kann man an seiner Liebesfähigkeit arbeiten und die Liebe als eine »Kunst« erlernen, so daß man zu einer Art Vollendung mit dem Partner kommt?

In einem Gedicht wird über das Geheimnisvolle der Liebe gesagt, daß ich die »Blüte im Abendwind, umströmt vom Kieferndurft«, wahrnehme. So nimmt schon das Kind seine Umwelt über die Sinne auf und lernt, sich ihr liebend zu öffnen. Liebe ist aufgeschlossene Betrachtung der Wirklichkeit, sei es eine Blüte, ein Duft oder ein Sonnenstrahl auf deinem Haar. So beginnt die »Liebesfähigkeit« in der Kindheit zu reifen, bevor die erwachende Sexualität die große Verwirrung stiftet. Deshalb die Zeilen: »Die Liebe wird weit, entfernt sich von Ideen, fließt in das Wirkliche.« Die Liebe orientiert sich an der *Wirklichkeit.* Dort ist sie zu Hause, nicht im Gefängnis der Ideen, Gedanken, Phantasien, Träume, Ideale oder Moralsysteme. Die Liebe ist vital, sie läßt sich nicht durch den Verstand bändigen, sie ist dem Willen nicht untertan und läßt sich nichts befehlen.

Sie verhält sich aus der Sicht des *logischen* Verstandes »beliebig«. Deshalb schreibe ich: »Geschieht sie täglich neu und läßt sich nicht in romantischen Kammern auf eine Nadel spießen.« Auch wenn wir uns noch so sehr bemühen, für die Entfaltung der Liebe ein schönes, sauberes, repräsentatives oder gemütliches *Heim* zu schaffen, sie läßt sich dort nicht einsperren; sie ist »wie ein flimmernder Falter, der sich auf dieser Blüte entfaltet und an jener vorbeischwebt; sie tanzt im Wind, schwankt auf den Wellen, ohne Ziel und Plan« – denn Liebe ist seelische Freiheit, und sie kann sich nur unter den Voraussetzungen von Freiheit ergeben. Deshalb schreibe ich in dem Gedicht *Apfelblüte:* »Liebe ist Offenheit, Verströmen deiner Energie, will geben ohne Gedanken.« Sie ist nicht nur *beliebig,* sondern auch *bedenkenlos.* Diese beiden Wörter sind jedem Moralisten natürlich besonders verhaßt, denn im konservativen System von der idealen Liebe gilt das Gegenteil: Entschiedene Treue und Verantwortungsbewußtsein – beides soll die Liebe konservieren. Das ist sicher ehrenwert und tugendsam gedacht, es ist die Lebensphilosophie der Sicherheit. Die Seele aber reagiert anders: Sie richtet sich nicht nach den Wünschen des Verstandes und seiner Systeme, sondern entfaltet ihr eigenes *Gefühlsleben.* Gefühl und Verstand geraten in Widerstreit, das große Drama der menschlichen Existenz beginnt – wenn man glaubt, dem Verstand folgen zu müssen und den Gefühlen zu mißtrauen.

»Ich kann dich nur so lieben, solange ich frei bin, ich schenke dir dann meine Seele« – weil sie mir nicht gehört, kannst du sie auch nicht besitzen; es ist deshalb ein besonderes Geschenk, das deine Gefühle berührt. Der Verstand erzeugt vielleicht Traurigkeit, eine andere Person mit ihren Gefühlen nicht festhalten zu können, denn dann würde keine Freiheit mehr bestehen, und die Zartheit und Lebendigkeit wären zerstört. In einem anderen Gedicht sage ich: »Treulose Liebe, dir bin ich treu.« *Lebendigkeit,* die nicht konserviert werden kann, *ist* treulos, grenzenlos, ist Sterben und Aufleben und erneutes Sterben und Erwachen.

Das Wort »Verliebtheit« ist uns allen vertraut, das Wort »Entliebtheit« dagegen zählt nicht zum üblichen Sprachgebrauch. Aber in jeder Liebesbeziehung kommt die Stunde, in der die Liebe sich verflüchtigt: »Die magischen Flammen der Fremdheit sind in dir erloschen.« Kein Grund zur Trauer, wenn man das *Phänomen Liebe* von Grund auf verstanden hat, denn »neu zu beginnen, von Stunde zu Stunde«, diese letzte Zeile des letzten Gedichts führt uns zum Anfang zurück, zur Blüte im Abendwind, umströmt vom Kieferndu ft, im Rhythmus der Strömung des Lebens.

Sind deine Gedanken über die Liebe ein theoretisches Ideal, also eine Utopie?

Es ist unvermeidlich, daß ich mit dem Gebrauch von Worten an die intellektuellen Fähigkeiten des Verstandes appelliere. Insofern ist Geschriebenes etwas Theoretisches und nichts direkt konkret Praktisches. Es ist doch aber klar: Worte sind nicht die Realität, das Wort »Nahrung« zum Beispiel ist nichts Eßbares für einen, der Hunger hat.

Nichts ist aber dennoch praktischer als eine gute Theorie!

Wer zum Beispiel eine Brücke über einen Fluß bauen will, benötigt zunächst Theorien, wie er die Brücke mit vorhandenen Materialien so bauen kann, daß sie hält und nicht beim Betreten in sich zusammenstürzt. Je mehr Theorie ich über den Brückenbau im Kopf habe, um so besser kann ich anschließend die Brücke bauen, um wohlbehalten über den Fluß zu gelangen.

Warum gehe ich zum Arzt und lasse mich über die Heilung einer Krankheit beraten? Weil ich erwarte, daß er die Theorien über Krankheiten kennt und daraus für mich konkret realisierbare Ratschläge ableiten kann. Und wenn ich ein flugtüchtiges Segelflugzeug bauen will, sollte ich mich zunächst mit Theorien über die Flugtechnik vertraut machen. Diese Theorien erweisen sich dann später als äußerst praktisch, konkret und real.

Ich meine, die Gedanken über die Liebe seien in die Praxis schwer umsetzbare Ideen, also schwer realisierbare Utopien.

Viele große Leistungen der Menschheit entstanden aufgrund einer Utopie; wir sollten über »Utopien« also nicht die Nase rümpfen. Wenn Utopien auftauchen, ist das ein Zeichen für das Bedürfnis nach einer Problemlösung. Mit dem Wort Utopie verbinden viele den Begriff »Ideal«; sie meinen, ein Ideal könne man zwar anstreben, aber es sei ja letztlich doch nicht erreichbar. Was für den einen ein utopisches Ideal ist, liegt für den anderen aber im Bereich des Erreichbaren – oder ist für ihn gar Alltag. Wir sollten also im psychischen Bereich vorsichtig damit sein, etwas als ein »Ideal« weit von uns zu schieben, wenn es uns persönlich nur schwer lebbar erscheint. Es ist doch keine bloße Idee, sich mit Sensitivität in die Welt verlieben zu können, was jedem Kind in seiner Unbefangenheit und Unverbildetheit etwas Selbstverständliches ist. Manche Leser erfühlen hinter meinen Gedanken über die Liebe Erlebnisse, die sie schon einmal in der Kindheit hatten, die aber verschüttet wurden, verlorengingen oder verdrängt wurden, aus Angst, Sicherheitsstreben und Anpassung. Ich möchte damit sagen: Was manchem im Moment als Ideal erscheint, war schon einmal Wirklichkeit. Ich entwickle keine Utopien, Ideale oder Träume, ich orientiere mich an der Wirklichkeit und Lebenserfahrung.

Ich weiß natürlich, daß die Realität des Alltags oft tatsächlich so ganz anders aussieht, als ich das Lebensglück beschreibe. Wirklichkeit sind zum Beispiel Intrige, Bosheit, Unterdrückung, Angst, Eifersucht, Verdrängung, Egoismus, Ungerechtigkeit, Spannung, Anpassung und Unfreiheit. Ich will das alles nicht durch ein Ideal *wegwischen,* im Gegenteil, ich widme umfangreiche (manchem wiederum zu große) Teile diesen Symptomschilderungen. Wäre diese »häßliche Wirklichkeit« nicht existent, bestünde ja keine Veranlassung für meine Arbeit. Nur auf dem Hintergrund der leider so traurigen Verhältnisse des Alltags kann ich das Bild einer gesunden Seinsweise aufzeigen – das ist keine theoretische Idee, kein Traum, sonder *die andere Wirklichkeit.* Wenn der Mediziner von Gesundheit auf dem Hintergrund von Krankheit spricht, kann man ja auch nicht argumentieren, Gesundheit wäre eine Utopie.

Ich möchte Mut machen für ein Leben in Freiheit, Liebe, Selbstentfaltung und Lebensglück, für etwas, worauf jeder Mensch ein natürliches Recht hat.

Handelt es sich vielleicht bei vielen Menschen um eine Selbstentschuldigung, wenn es um Ideale, Träume oder Utopien geht? Oft heißt es ja: Ich kann die ja doch nicht erreichen und getrost so weitermachen wie bisher!

Ich will niemanden beeinflussen und bedrängen, sein persönliches Lebensglück zu finden. Wer es finden will, versteht mich schon richtig; es geht mir um mehr Licht in der Dunkelheit, ich freue mich, wenn ich etwas erhellen kann. Jeder kann sich von dieser Energie das nehmen, was er im Augenblick seines gegenwärtigen Lebens für sich selbst gebrauchen kann. Ich will niemanden »überreden«, das wäre außerdem vergeblich. Viele können von dieser Energie etwas gebrauchen, deshalb greifen sie zu einem Buch. Es geht nicht um Erbauung oder eine Art Unterhaltung; Selbstentfaltung ist ein Finden, eine Erhellung der eigenen Situation, Liebe ist nichts Unterhaltendes, Ablenkendes oder eine Flucht vor dem Alltag, sie *ist* seelische Gesundheit.

Wenn ich dich richtig verstanden habe, ist Liebe nur in Freiheit möglich, in Gefangenschaft stirbt sie. Wie kann man in diese Freiheit gelangen?

Sobald Verstand und Wille sich einmischen, stirbt sie. Du kannst dir nicht *vornehmen*, jemanden zu lieben – Liebe und Pflicht passen nicht zusammen. Liebe ist ein Gefühl, das aus der Freiheit heraus entsteht und deshalb unerwartet kommt und geht – sie überrascht dich. So ungesteuert, wie sie gekommen ist, geht sie wieder. Liebe ist nur in Freiheit der Seele und des Geistes möglich, sie kann nicht konserviert (nicht zum Besitz gemacht) werden; sie ist ein Geschenk des Lebens an dich, es gibt kein Abonnement darauf. Ein freier Mensch ist für die Liebe aufgeschlossen, sie begegnet ihm deshalb überall; wenn er nichts festhalten will, begegnet sie ihm leicht.

Die Frage lautet: Wie kann man in diese Freiheit gelangen? Willst du wirklich in diese Freiheit hineingehen? Die meisten Menschen haben Angst davor, deshalb klammern sie sich stets an alle möglichen Sicherheiten – Freiheit aber heißt, sich von Sicherheit zu verabschieden. In alles Neue mit großer Neugier hineinzugehen ist ein Verhalten, das dem Menschen sehr gemäß ist. Er ist das neugierigste Lebewesen dieser Erde; frei sein ist seine natürliche Bestimmung. Wenn er frei ist, fühlt er sich wohl und glücklich. In jedem Moment kannst du in diese Freiheit gelangen, du mußt nur aus dem Schneckenhaus aller Sicherheiten heraustreten, mit offenen Sinnen dem Augenblick begegnen, dann geschieht die Liebe zu allem, was in dich einströmt. Dieser Schritt ist sehr klein, wenn du die Widerstände der Angst in dir fühlst und überschreitest.

Freiheit ist entscheidend, sie steht als psychisches Prinzip über allem, denn erst die Freiheit macht Liebe wirklich schön, rund und tief. Dies ist fast unmöglich mit Worten auszudrücken.

Läßt sich diese idealistische Theorie verwirklichen, oder ist sie nur ein schöner Traum vom Paradies?

Es handelt sich nicht um eine idealistische Theorie, sondern um eine Tatsache. Traum ist das alles nur für einen Träumer, der von der Möglichkeit der Freiheit träumt, weil er sich nicht traut. Was dir als »schöner Traum« erscheint, kann Wirklichkeit werden, wenn du so lebst, wie ich es umschrieben habe. Von den Worten weg ins lebendige Erleben hineingehen, das ist die Verwirklichung, dann wird der »Traum« real, dann geschieht die Verliebtheit als eine Tatsache. Eigenartig, die Menschen reden lieber über die »Möglichkeiten«, als die Realität der Freiheit lebendig zu erfahren.

Wenn ich mich ändere, ändert sich meine Umwelt (also die Mitmenschen) noch lange nicht. Stehe ich dann nicht ganz schön einsam und verlassen da?

Natürlich stehst du allein, aber nicht verlassen da. Das ist genau der Punkt; du suchst zwar Freiheit, aber willst vermeiden, das alleine für dich selbst total zu verantworten. Es geht aber nicht anders, als losgelöst von allen anderen dein eigenes Leben in Freiheit leben zu können. Freiheit ist Loslösung, und das ist die Lösung aller psychischen Probleme.

Freiheit ist ganz sich selbst sein, das eigene Leben leben – dann wird Liebe zu den Dingen um dich herum als tiefe Lebenserfahrung möglich. Die andere Art Liebe, von der die meisten Menschen sprechen, ist Beziehungsstrategie; es geht um Vorteile und rationale Überlegungen, um Geben und Nehmen, um Erwartungen und Geschäfte, strategisches Denken. Aber das alles ist nicht die Liebe, nach der sich die Menschen sehnen.

Diese Liebe ist kein unrealisierbarer Traum, sie ist Wirklichkeit für denjenigen, der bereit ist, sich an sich selbst zu orientieren. Du mußt in dein Alleinsein ganz hineingehen, um aus dieser Erfahrung heraus den anderen in seinem Alleinsein liebend erfassen zu können. Das alles hat wenig mit Sexualität zu tun; Sexualität ist etwas sehr Oberflächliches, die Liebe geht viel tiefer. Und diese Tiefe macht dann die Sexualität erst schön. Oberflächliche Sexualität dagegen macht dich einsam. In dem Moment, in dem du nicht darauf gefaßt bist, ist das dann sehr schmerzlich und verwirrend.

Wie wichtig sind die Mitmenschen für meine Entfaltung? Ich will ein soziales Wesen sein, treffe aber nur auf Probleme mit meiner Liebe. Wie kann ich Kontakte haben, ohne Konflikte zu erzeugen?

Diese Frage beinhaltet drei verschiedene Fragen. Die erste enthält das allgemeine Vorurteil, Mitmenschen wären für die persönliche Entfaltung sehr wichtig; das stimmt aber so nicht. Die Entfaltung muß aus dir kommen, sie darf nicht von Wünschen oder Erwartungen der anderen beeinflußt sein, sie soll allein deine Entfaltung sein, sie kann ja nur aus deiner Tiefe kommen. Also, die Mitmenschen sind für deine Selbstentfaltung nicht so wichtig, sie sind Zuschauer, die ihre subjektive Meinung dazu abgeben – das ist alles.

Du willst ein soziales Wesen sein, aber du kannst auch nicht die Wünsche der anderen erfüllen, du bist so, wie du bist, und deine Liebe hat ihre Berechtigung. Wo gibt es da Probleme? Wer hätte sich je über tiefe Liebe geärgert? Zum Ärgernis wird es doch nur dann, wenn du aus deiner Liebe Ansprüche an andere ableitest, zum Beispiel wiedergeliebt zu werden, also irgendwelche Gegenleistungen zu erhalten. Aber: Liebe ist frei! Wie kann sie da etwas fordern wollen?

Das Problem liegt bei dir, nicht bei den anderen, die sich freuen, aber keine weiteren Verbindlichkeiten eingehen wollen. Laß doch den anderen ihre Freiheit, ihre wechselnden Gefühle. Dann kannst du Kontakte haben, ohne irgendwelche Konflikte zu erzeugen.

Kontakt erzeugt nur Probleme, wenn der andere Mensch nicht in seiner Freiheit gelassen wird. Deshalb sage ich: Freiheit steht noch über der Liebe, sie ist das Zentralste. Liebe ohne Bewußtsein der Freiheit ist nicht viel wert; erst die Freiheit gibt den Liebesgefühlen positive Energie. In Freiheit fühlen und frei empfangen, das ist kein idealistischer Traum.

Welchen Stellenwert besitzt die Zärtlichkeit in diesem System?

Es ist kein System, keine Konstruktion und keine »Lebenskunstmaxime«. Zärtlichkeit ist so selbstverständlich wie das Ein- und Ausatmen. Liebe ist Zärtlichkeit für die Umwelt, für Pflanzen, Tiere, Menschen und Sinneseindrücke. Liebe braucht Freiheit als eine Art Sauerstoff, um leben zu können. Liebe atmet achtsam Eindrücke ein, und sie atmet Zärtlichkeit aus.

*

Das Erlebnis von Hans

Aus Leserbriefen weiß ich, daß der Bericht von Hans (22 Jahre, Student) besonderes Erstaunen und Aufmerksamkeit ausgelöst hat. Ich wurde oft gefragt, ob dieser Bericht wirklich authentisch ist. Ich versichere, er ist authentisch und nicht konstruiert oder der Phantasie eines poetischen Traums entsprungen. Ich möchte deshalb den Bericht von Hans hier nochmals vorlegen.

»Es war ein Sommertag Ende August. Als ich aus dem Haus trat, empfand ich alles besonders intensiv. Die Sonne schien, und das Licht kam mir ungewöhnlich hell und doch weich vor. Die Sonne lag in den Blättern des Nußbaums, die sich im Wind bewegten. Die Schatten und das Licht waren eine Einheit. Ich sah das Spiel von Licht und Schatten auf der Hauswand und dachte mir nichts dabei; ich fühlte mich einfach nur wohl, das zu sehen.

Plötzlich hörte ich die Vögel mit ihren vielen Stimmen. Ich war schon vielleicht tausendmal aus diesem Haus getreten und hatte noch nie in dieser Art die Vogelstimmen gehört. Das Haus stand am Rande einer Kleinstadt. Durch den großen Garten waren im Sommer täglich viele Vögel zu hören; es war für mich deshalb selbstverständlich, daß die Vögel zwitscherten. Ich hörte es jeden Tag und hörte es doch nicht richtig; das Gezwitscher war für mich eine Geräuschkulisse. Heute hörte ich die Vögel einzeln zwitschern, ich konnte deutlich einzelne Vögel unterscheiden. Ich fühlte mich in diesem Moment glücklich und wohl. Es war für mich schön, daß mir das Vogelgezwitscher aufgefallen war.

Ich stieg auf mein Fahrrad und fuhr in die Stadt. Der Wind war warm, und er wehte meine Haare zurück. Das Glücksgefühl verstärkte sich, ich machte mir über nichts

Gedanken, und ich nahm alles in mich auf, wie es sich im Moment ereignete. Alle Sinne waren offen. Ich spürte den Wind auf der Haut, die Sonne schien mir in die Augen, ich blinzelte, und das helle Licht war angenehm. Ich hörte immer noch die Vögel. Ich machte den Mund auf, um noch deutlicher zu hören. Mein Mund war voller Speichel. Wenn ich gestreßt bin, bekomme ich einen trockenen Mund, aber heute fühlte ich mich überhaupt nicht gestreßt. Ich fühlte mich ganz da, ich schmeckte die Luft, unheimlich nah an der Realität.

Ich hatte plötzlich keine Lust mehr, die Verabredung mit einem Freund um elf Uhr einzuhalten, ich wollte für mich sein, mit mir alleine. Ich brauchte kein Gespräch. Wir wollten uns über eine Vorlesung unterhalten, die ich versäumt hatte. Die Gespräche mit René waren immer sehr interessant, weil René mehr wußte als ich und ich deshalb nach jedem Gespräch mit ihm etwas gelernt hatte, das ich nicht wieder vergaß. Es war immer etwas Wichtiges dabei für mein Studium oder mich selbst.

Ich bog in einen Feldweg ab und radelte holpernd mit Mühe zum Waldrand. Ich legte das Fahrrad in die Wiese und setzte mich daneben. Die Sonne schien mir voll ins Gesicht. Die Vögel zwitscherten, Bienen summten, die Wolken zogen in dicken, weißen Klumpen über den Himmel. Das Gras duftete. Was war mit mir los? Ich fühlte mich wie verliebt. Ich war ganz offen für alles, was um mich herum geschah. Es geschah nichts Wichtiges, und dennoch hatte ich das Gefühl, daß es etwas Besonderes war, weil ich alles so intensiv erlebte. Es war wie ein großes Konzert, alle Sinne waren daran beteiligt. Ich spürte, daß diese Wachheit und Offenheit ein Geschenk ist, ich dachte, daß ich hier der einzige bin, der das jetzt so intensiv erlebt, und ich empfand es als bedauerlich, daß ich der einzige war. Ich dachte, daß noch andere Menschen dasein sollten, die genauso fühlten wie ich. Aber sie waren wohl alle beschäftigt, in Büros, in Läden, Kaufhäusern, Seminarräumen und Bibliotheken. Sie sahen nicht das, was ich sah, sie empfanden nicht dieses Glücksgefühl. Bei diesem Gedanken wurde ich leicht traurig, denn plötzlich kam mir dieses Erlebnis als etwas sehr Wichtiges vor, ich dachte, daß die anderen, die das nicht empfanden, am Leben vorbeigingen. Ich könnte noch viel erzählen von meinen Empfindungen, von vielen kleinen Details, die meine Sinne aufnahmen. Es war wunderbar. Es durchströmte mich ein nie gekanntes Glücksgefühl. Ich war teilweise davon wie betäubt oder wie berauscht, ohne Alkohol, schöner, denn ich war hellwach, nicht so betäubt und dumpf wie beim Biertrinken.

Dieser Tag hat für mich in meinem Leben eine ganz besondere Bedeutung. Ich überspringe nun viele Erlebnisse und erzähle dir jetzt den späten Nachmittag. Ich bin später in die Stadt gefahren. Ich hatte keinen Hunger und habe nichts gegessen.

Ich ging glücklich und voll Tatendrang ins Atelier der Uni und malte einige Bilder. Unter dem Glasdach war es sehr heiß. Ich habe geschwitzt, aber dieses Schwitzen war sehr angenehm, es war überhaupt nicht lästig. Ich habe an diesem Nachmittag in Farben geschwelgt. Ich malte auf eine andere Art als bisher. Ich überlegte gar nicht, welche Komposition ich mache, sondern malte in sinnlicher Freude aus dem Augenblick heraus. Das Bild entwickelte sich quasi von selbst. Früher dachte ich immer sehr viel über die Farbkombinationen nach. Heute dachte ich nicht, sondern experimentierte und erlebte, was geschah. Das Bild geschah einfach, und ich ließ es geschehen. Ich entdeckte eine neue Freude am Malen. Alles Denken und Grübeln war weg, ich und was auf dem Papier geschah verschmolzen in eins. Ich war glücklich dabei. Ich war nicht kritiklos, aber ich hatte das Empfinden, daß ich mich loslassen konnte, daß das Richtige geschah, daß Kritik, Kompositionslehre, Ästhetik, Form, Stil unwichtig wurden. Ich empfand schöpferische Freiheit. Ich konnte mich plötzlich in einer Freiheit entfalten, wie ich es zuvor nicht gekannt hatte.

Ich war alleine im Atelier. Es war ein heißer Augusttag; viele meiner Freunde waren im Freibad oder saßen im Straßencafé. Ich war glücklich darüber, daß ich alleine war und niemand etwas sagte und ich mit niemandem reden mußte. Alleinsein war für mich, der ich die Geselligkeit suchte, ein großes Geschenk. Ich hoffte, daß heute niemand mehr ins Atelier kommen würde. Der Geruch der Farben war wunderbar; dieser Geruch vermischte sich mit dem Geruch meines Schweißes. Ich liebte plötzlich meinen eigenen Geruch. Ich rauchte eine Zigarette, stellte das Bild an die Wand und empfand ein großes Glück über mich selbst und das Bild. Ich dachte, daß alles in Ordnung sei; ich bin in Ordnung, mein Bild ist okay. Ich habe für mich gemalt, das kann keiner nachempfinden. Ich hörte Schritte, und die Türe des Ateliers öffnete sich. Es war Elvira. Sie war mir schon aufgefallen, sie trug schwarze Kleider und wirkte in sich geschlossen. Sie war ruhig, ausgeglichen und freundlich. Sie lächelte mich auf der Straße einmal ganz leicht an, als ich mit einem Freund an ihr vorbeiging.

Im ersten Moment war ich unzufrieden, daß jemand mein Alleinsein im Atelier störte. Ich empfand einen kurzen Moment eine Mischung aus Schrecken, Panik und Angst, als sie ins Atelier hereinkam. Ich wollte allein sein, ich fühlte mich mit der Welt, dem Kosmos und mir total verbunden, und nun kam dieses Einzelwesen mit seinen Normalproblemen und seiner Normalunsensibilität in diesen Raum meines Glücks. Ich wurde nervös, obwohl sie mir sympathisch war.

Sie kümmerte sich nicht um mich und begann zu malen. Das war gut. Ich konzentrierte mich wieder auf mich und begann, auch wieder zu malen. Ich verliere mich in Details; für einen Außenstehenden, der das nachvollziehen soll, ist das sicherlich langweilig.

Ich war an diesem Tag hellwach, meine Sinne waren ganz offen. Ich ging etwa eine Stunde später zu Elvira und sah ihr Bild an. Ich sah ihr Bild, und ich sah sie. Ich konnte das nicht unterscheiden. Alles, was ich sagte, hatte mit mir zu tun, mit ihr und dem Bild, es war eine Einheit. Ich war glücklich, aus dem Alleinsein ging eine Gemeinsamkeit hervor. Ich empfand es wie ein Wunder, daß sie mich verstand, daß sie das gleiche Gefühl hatte, daß sie verstand, was ich sagte, daß es für sie nicht banal oder fremd war, sondern daß sie es natürlich erlebte. Sie reagierte völlig aufgeschlossen. Sie war nicht intellektuell, nicht verkrampft oder kritisch, nicht gehemmt oder aufgesetzt, sie erlebte den Augenblick ganz im Augenblick wie ich.

Ich empfand aus meinem Alleinsein heraus plötzlich eine starke sinnliche Verbindung zu ihr. Ich roch ihr Parfum, und in diesem Moment wurde sie einbezogen in das Erlebnis meines Glücks. Ich hatte keine Scheu vor ihr, alles ergab sich von selbst, völlig zwanglos, aus dem Augenblick heraus. Ich legte meine Hand auf ihre Schulter und kniete mich dann vor ihrem Bild nieder. Wir sprachen über die Farben und waren ganz nahe aneinander. Sie nahm sich eine Zigarette, ich gab ihr Feuer. Sie zog intensiv an der Zigarette, und ich küßte sie. Es ergab sich ganz zwanglos von selbst, es ereignete sich einfach aus dem Augenblick heraus. Es war ein Verständnis da, ohne daß wir uns über uns unterhalten hätten. Es ergab sich aus dem Moment, aus einer sinnlichen Nähe. Wir fühlten uns gegenseitig nahe, ohne uns zu kennen.

Ich war nahe an ihrem Gesicht und roch ihr Parfum, die Farben, es war warm, ich schwitzte, ich roch meinen Schweiß, und diese ganze Atmosphäre war sehr dicht, es war kein Gedanke da. Ich ließ mich in diesen Augenblick hineinfallen. Ich umarmte sie und empfand Liebe zu ihr. Ich spürte ihre Wange an meiner Wange. Es war eine Weichheit und Schönheit, wie ich sie zuvor nie empfunden habe. Ich drückte sie an mich, und sie drückte sich an mich. Ich spürte ihren Körper, und sie spürte meinen. Ich spürte, daß sie mich spürte. Sie kam mir entgegen, und ich kam ihr entgegen. Es war eine starke Einfühlung, ein Zueinanderstreben. Sie wirkte glücklich und erlebte mit offenen Sinnen. Ich ertastete mit meinen Händen ihre Arme von oben nach unten. Ich hatte bisher noch nie auf diese intensive Weise die Arme einer Frau berührt und erlebt. Ich war voll Achtung für sie. Ich liebte ihre Arme, alles war Liebe, alles vermischte sich, der Geruch, die Bewegungen, die Worte, die Hitze, das Licht. In diesem Moment liebte ich sie, alle Sinne waren offen für sie, alles war eine Einheit. Ich vergaß die Zeit, das Denken, mich selbst. Die Liebe war da, ich liebte sie genauso intensiv, wie sie mich liebte. Es war ein seelisches Ereignis. Unsere Körper waren die Basis für ein seelisches Ereignis.«

Die Cassette

»Ich habe einen ganz entsetzlich großen Fonds an Liebeskraft in mir, und jedesmal, wenn ich auf die Straße trete, fange ich an, irgend etwas, irgend jemand liebzuhaben.«

Robert Walser

Wie Sie schon gesehen haben, ist hinten eine Toncassette eingelegt aus der Sendereihe »Mosaik« der schweizerischen Radio- und Fernsehgesellschaft vom 9. bis 13. Juli 1984. Der Moderator Walter Kälin hat vier Liebesgeschichten von Robert Walser ausgewählt und sie mit Auszügen aus meinem Buch »Die Liebe« kombiniert.* Ich bin über diese Hörcollage sehr glücklich, weil die Geschichten Robert Walsers meine psychologischen Analysen treffend illustrieren – Illustrationen und Interpretationen gehen eine Einheit ein.

Diese Sendereihe erregte in der Schweiz großes Aufsehen. Das bewiesen nicht zuletzt die vielen engagierten Höreranrufe, die in einer späteren Folge noch gesendet wurden. Der »Züricher Tagesanzeiger« schrieb über die Sendung: »Was die beiden Autoren sicher miteinander verbindet, ist ihr Hang zum Leben im Sinne von Veränderung, Wechsel, Spontaneität – gegen Stagnation, Verhärtung, Liebesverkümmerung, etwa in der Ehe.«

Inhalt der Cassette

Seite 1

1. Ist die Liebe ein Ereignis des Schicksals?
2. Liebe ist Sensitivität

Seite 2

3. Einsichten über die Eifersucht
4. Liebe ist wichtiger als Sexualität

Der Titel der Mosaiksendung lautete: »Und sie liebte ja, auch du guter Gott, beide.« In den Reflexionspausen spielt Andor Foldes Robert Schumann, die Sprecher sind Bernd Rumpf und Wolfgang Stendar.

* Die Texte entstammen Büchern: Robert Walser: »Liebesgeschichten«, Inseltaschenbuch, und Peter Lauster: »Die Liebe«, ECON Verlag.

Robert Walser

Der Schweizer Dichter ist am 15. 4. 1878 in Biel geboren und am 1. Weihnachtstag auf einem Schneespaziergang 1956 in Herisau (Kanton Appenzell) gestorben. Er gilt als der bedeutendste Schweizer Autor seit Gottfried Keller und als einer der wichtigsten deutschsprachigen Autoren dieses Jahrhunderts.

Robert Walser hat mehr als tausend Kurzgeschichten geschrieben, bis er sich im Alter von 51 Jahren auf eigenen Wunsch in ein psychiatrisches Krankenhaus einweisen ließ. Robert Walser, der »allem Erotischen gegenüber aufgeschlossen und allem Neuen gegenüber erotisch reagierte«, wie Wolf Wondratschek es ausdrückte, lebte nie »im weichen Kerker der Ehe«.

»Wer nicht liebt«, schreibt Robert Walser, »hat kein Dasein, ist nicht da, ist gestorben. Wer Lust zu lieben hat, steht von den Toten auf, nur wer liebt, ist lebendig.«

Im Nachlaß von Robert Walser befanden sich 526 kleinformatige Blätter, die mit unleserlich-winziger Schrift vollbeschrieben waren. Bis dato dachte man, er wäre in Herisau als Dichter nicht mehr tätig gewesen. Die Literaturwissenschaftler Werner Morlang und Bernhard Echte entzifferten erst 1981 mit Lupe und »Fadenzähler« die millimeterkleine Sütterlinschrift.

Über den Grund seines ruhigen und produktiven Lebens in der Herisauer Anstalt wurde viel gerätselt. »Verrückt« jedenfalls war er nicht. Das beweisen auch die jetzt entzifferten Texte, die sich in der Qualität kaum von seinem vorhergehenden Werk unterscheiden.

Der achtzigjährige Hermann Hesse, der selbst die letzten Jahrzehnte seines Lebens in der Schweiz verbrachte, sieht in den vielen beruflichen Mißerfolgen Walsers (im Lauf seines

Lebens vor 1933 wurden ihm von den Verlagen mehr als zwölf Buchprojekte abgelehnt) den wahren Grund für seine Emigration aus der »normalen« Welt: »Der hat recht gehabt, sich um die Welt keinen Pfifferling mehr zu kümmern und sich in die Heilanstalt zurückzuziehen. Die Schweiz mit all ihren Professoren und Radio-Direktoren mit ihren gutbezahlten Posten, von denen kein einziger auch nur einen Satz so gutes Deutsch wie Walser schreiben kann, hätte ihn ruhig verhungern lassen, wenn er sich nicht in die Irrenanstalt gerettet hätte.«

Volker Michels schreibt im Nachwort zu Robert Walsers »Liebesgeschichten«: »Nur wenige Autoren des zwanzigsten Jahrhunderts haben sich dem Subjektiven und Emotionalen so unbefangen gestellt und das scheinbar Irrationale so produktiv gemacht.«

Seit seinem zehnten Lebensjahr malt er Aquarelle, und seit dem vierzehnten Lebensjahr schreibt er über seine Beobachtungen. Gemalter und verbaler Ausdruck sind ihm genauso wichtig wie das Erleben von Eindrücken im konkreten Augenblick. Er sagt: »Ein Eindruck, der sich in Ausdruck umwandelt, so für andere wieder zum Eindruck wird, das ist der duftende Atem des Seelenlebens.« 1961 machte er erste Einzelausstellungen in Tübingen und Stuttgart, danach malte und zeichnete er nur noch für sich selbst. 1984 und 1985 zeigten Galerien verstärktes Interesse, und es wurden in Hamburg, Berlin, Bonn, Heidelberg und Wien die Aquarelle der letzten fünf Jahre ausgestellt.

Anläßlich einer Ausstellung in einer Heidelberger Kunstgalerie im Mai 1985 schrieb Heide Seele in der »Rhein-Neckar-Zeitung«: »In seinen Aquarellen hinterläßt der malende Schriftsteller und schreibende Künstler einen vehementen, fast leidenschaftlichen Eindruck. Seine Handschrift ist heftig. Die Wasserfarben tendieren in Richtung des Pastosen. Da gewittert und stürmt es, und dickes Deckweiß wird zur Steigerung des malerischen Effekts eingesetzt. In ›Explosion der Lebensfreude‹ spreizt sich ein Phantasievogel, und ganz symbolträchtig wird es bei ›Fisch und Vogel beim Kriegsende‹. Sehr fein ist sein Bild ›Das Fenster ist offen‹, das Assoziationen zu Picasso und Magritte weckt. Federleicht ist dieser Fensterblick, bei dem dennoch einiges an kunsthistorischem Ballast mitschwingt. Trotz des unverkennbaren Hintersinns wirken seine Bilder locker, fast lässig, unverkrampft in jedem Fall.«

An diesem Schreibtisch wurden die Gedichte geschrieben

mit Blick auf dieses Fenster.

Nachwort

Viele starren wie gebannt nur auf den anderen Menschen, sie sind zwanghaft darauf fixiert, als ob es nur hetero- oder homoerotische Liebe in ihrem Leben gäbe. Wenn ich von Liebe spreche, meine ich die Liebe zur und von der gesamten Natur. Wir bekommen täglich Liebe von der Sonne, von den Pflanzen, von den Tieren – viele sind seelisch stumpf gegenüber dieser Energie. Du wirst geliebt in einem Strom dieser Energie – wie kannt du da jemals einsam sein oder gar isoliert?

Peter Lauster
Lüderitzstraße 2
5000 Köln 60

Kritik

Wenn Sie konstruktive Kritik üben wollen, eigene Vorschläge machen möchten oder Erfahrungen gesammelt haben, die für ein späteres Buch für den Autor interessant sein könnten, dann können Sie gerne schreiben. Eine briefliche Beratung bei psychischen Problemen – bitte haben Sie dafür Verständnis – ist leider nicht möglich.